Urano

J.P. Bloom

Abdo
PLANETAS
Kids

abdopublishing.com

Published by Abdo Kids, a division of ABDO, PO Box 398166, Minneapolis, Minnesota 55439.

Copyright © 2017 by Abdo Consulting Group, Inc. International copyrights reserved in all countries. No part of this book may be reproduced in any form without written permission from the publisher.

Printed in the United States of America, North Mankato, Minnesota.

052016

092016

 THIS BOOK CONTAINS RECYCLED MATERIALS

Spanish Translator: Maria Puchol, Pablo Viedma

Photo Credits: NASA, Science Source, Thinkstock

Production Contributors: Teddy Borth, Jennie Forsberg, Grace Hansen

Design Contributors: Laura Rask, Dorothy Toth

Publishers Cataloging-in-Publication Data

Names: Bloom, J.P., author.

Title: Urano / by J.P. Bloom.

Other titles: Uranus. Spanish

Description: Minneapolis, MN : Abdo Kids, [2017] | Series: Planetas |
    Includes bibliographical references and index.

Identifiers: LCCN 2016934903 | ISBN 9781680807585 (lib. bdg.) |
    ISBN 9781680808605 (ebook)

Subjects: LCSH: Uranus (Planet)--Juvenile literature. | Solar system--Juvenile
    literature. | Spanish language materials--Juvenile literature.

Classification: DDC 523.47--dc23

LC record available at http://lccn.loc.gov/2016934903

Contenido

Urano

Urano es un **planeta**. Los planetas **orbitan** alrededor de las estrellas. Los planetas de nuestro sistema solar orbitan alrededor del sol.

5

Urano es el séptimo **planeta** desde el sol. Está a 1,800 millones de millas (2,900 millones de km) del sol.

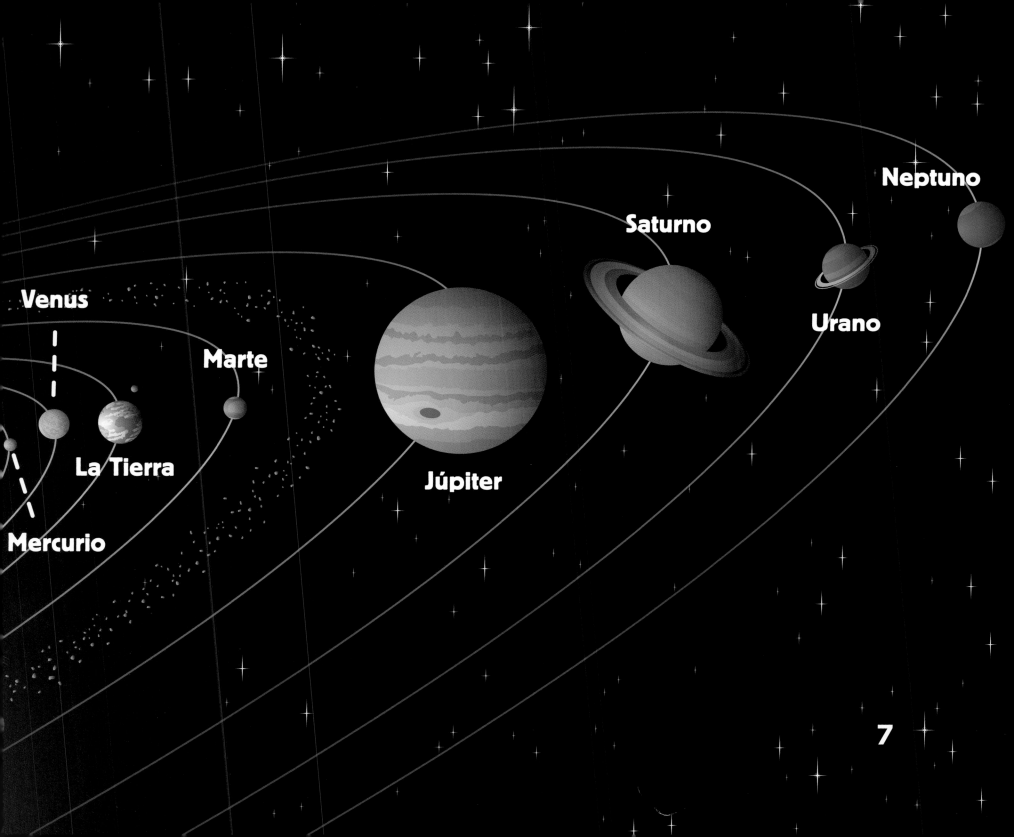

Venus

Mercurio

La Tierra

Marte

Júpiter

Saturno

Urano

Neptuno

Urano hace una **órbita** completa alrededor del sol cada 84 años. Un año en Urano son 84 años en la Tierra.

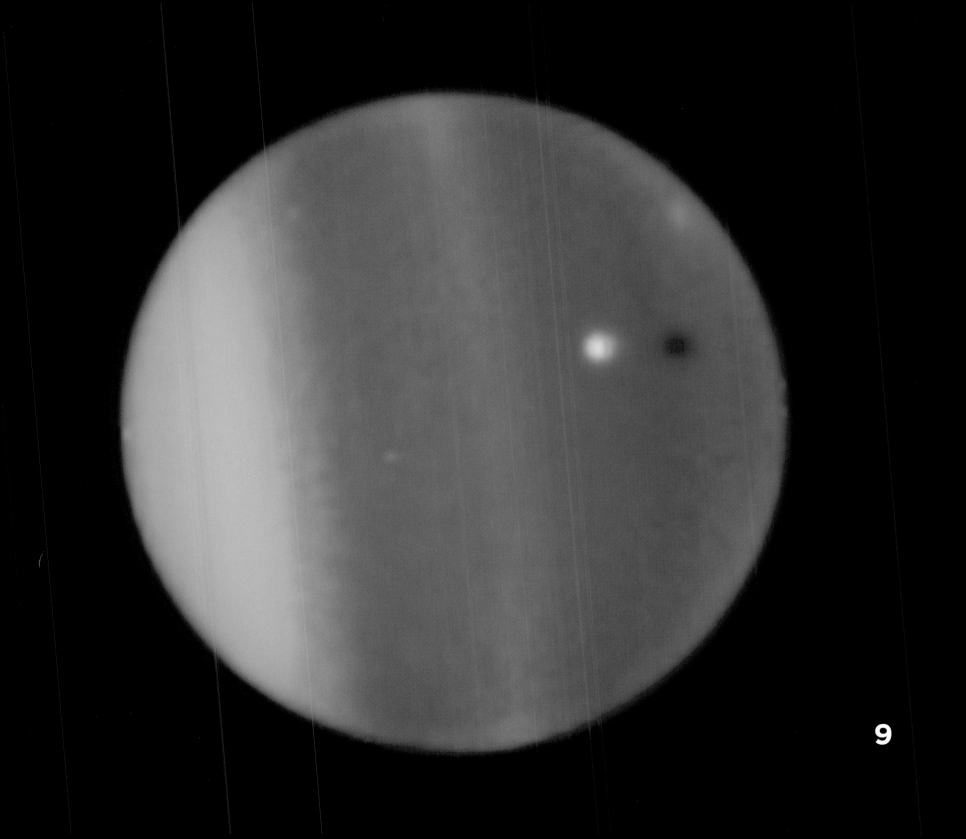

9

Urano rota mientras está en **órbita**. Una rotación completa tarda alrededor de 17 horas. Un día en Saturno son 17 horas en la Tierra.

Urano   31,518 millas (50,723 km)

**La Tierra
7,918 millas
(12,743 km)**

11

Estaciones largas

Urano **orbita** ladeado

alrededor del sol. Esto hace

que sus estaciones duren

mucho tiempo.

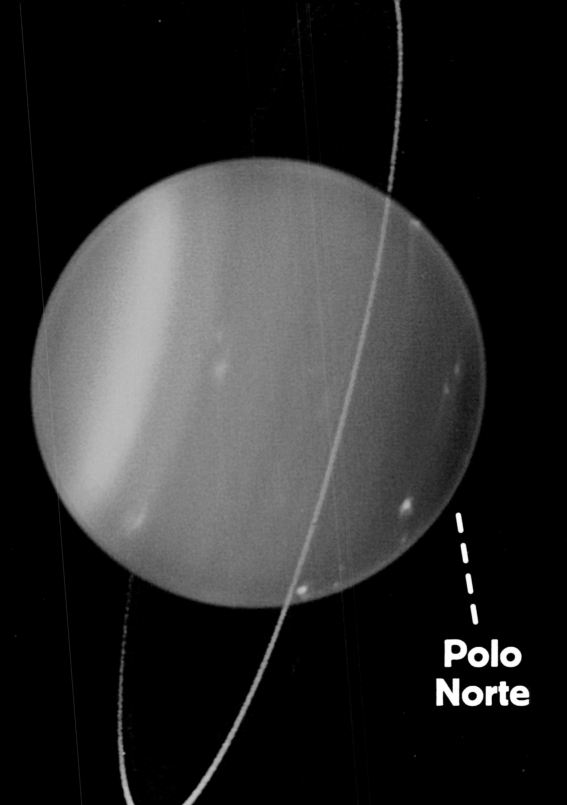

Polo
Norte

13

Durante 42 años la mitad de

Urano está en la oscuridad.

La otra mitad está en el sol.

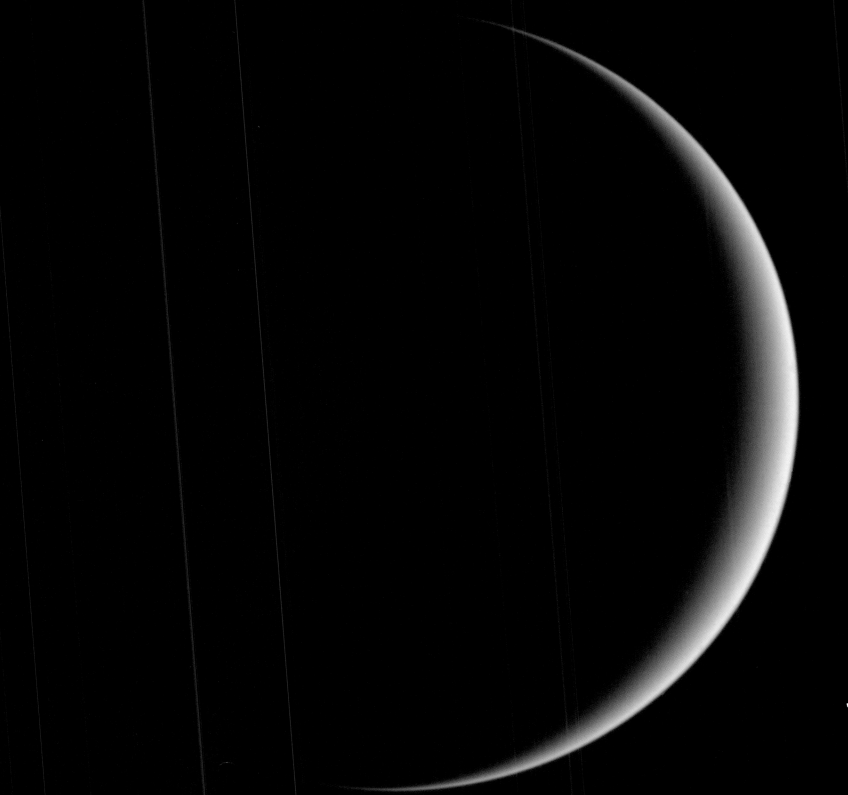

15

Un gigante de hielo

Urano es un gigante helado. Está compuesto mayoritariamente de rocas y hielo.

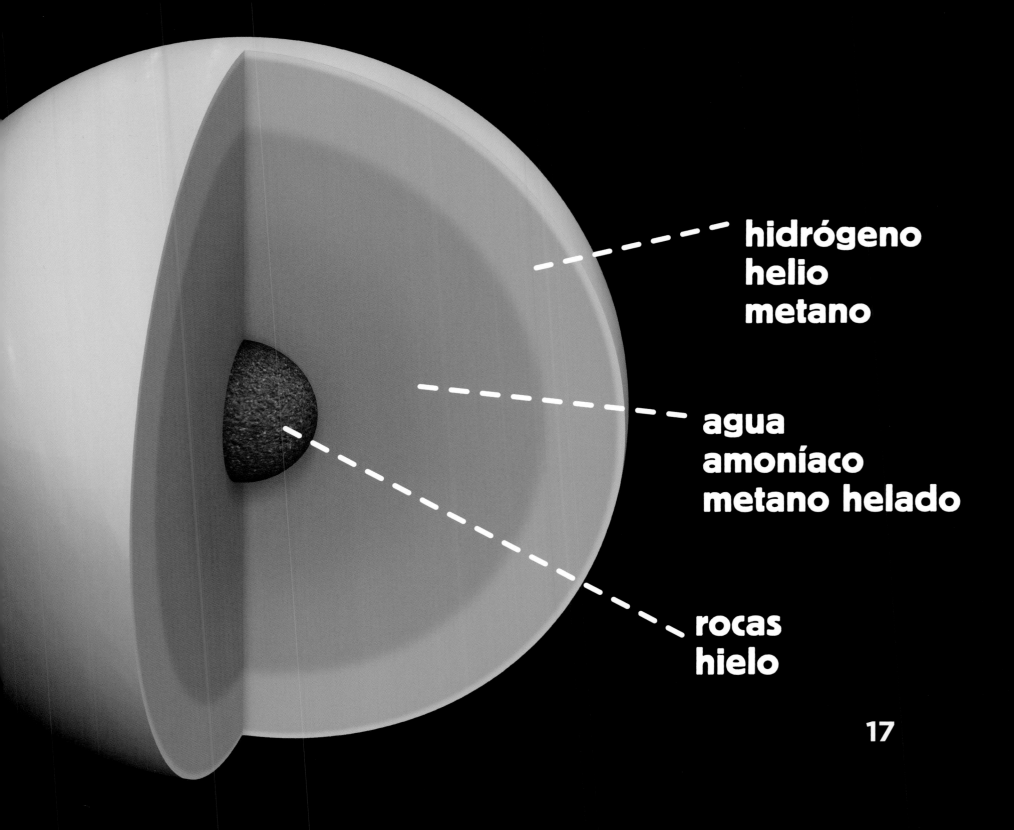

hidrógeno
helio
metano

agua
amoníaco
metano helado

rocas
hielo

17

Anillos

Urano tiene anillos. Se han
estudiado 13 de sus anillos.
Épsilon es el anillo más brillante.

Épsilon

18

19

Urano desde la Tierra

En una noche muy clara se puede ver Urano desde la Tierra. Se necesitan **binoculares**. También hace falta saber hacia dónde mirar exactamente.

● – – – **Urano**

Más datos

- Sólo una nave espacial ha explorado Urano. La Voyager 2 sobrevoló Urano el 24 de enero de 1986.

- Urano tiene 27 satélites conocidos. Muchos tienen nombres de personajes de obras de teatro de William Shakespeare. Julieta, Puck, Ofelia y Stefano son algunos de ellos.

- Un tal William Herschel descubrió Urano el 13 de marzo de 1781. Mucha gente ya había visto Urano antes pero pensaban que era una estrella.

Glosario

binoculares – instrumento para ver objetos que están muy lejos con lentes para los dos ojos.

órbita – trayectoria de un objeto espacial que se mueve alrededor de otro objeto espacial. Orbitar es moverse en esa trayectoria.

planeta – objeto espacial grande y redondo (como la Tierra) que gira alrededor de una estrella (como el sol).

Índice

abdokids.com

¡Usa este código para entrar en abdokids.com y tener acceso a juegos, arte, videos y mucho más!

Código Abdo Kids:
PUK7211